Littlest PetShop

LE GUIDE

VOLUME 3

Textes de Samantha Brooke

Adaptatation française de Jean-Marc Daume

Hemma

Éditions Hemma, rue de Chevron, 106
4987 Chevron, Belgique
hemma@hemma.be - www.hemma.be

Dépôt légal : 10.08/0058/225

TABLE DES MATIÈRES

LES TOUT DOUX

Ces PetShop ont une tête mobile et chacun a un petit quelque chose en plus qui le rend très spécial. Certains sont doux au toucher, d'autres ont des écailles, sont pailletés ou ont les yeux qui brillent.

LE SCOTTISH

COULEUR DES YEUX : bleu clair

COULEUR DU CORPS : noir

ACCESSOIRE FAVORI : sa tente rose

IL ADORE : le camping

IL DÉTESTE : les morsures d'insectes

SON LIEU DE VACANCES FAVORI : la montagne

CE QU'IL PRÉFÈRE : la marche

LA LIBELLULE

COULEUR DES YEUX : vert clair et vert foncé

COULEUR DU CORPS : rose et mauve

ACCESSOIRE FAVORI : des ailes transparentes

ELLE ADORE : se régaler de nectar

ELLE DÉTESTE : la marche

SON LIEU DE VACANCES FAVORI : les nuages

CE QU'ELLE PRÉFÈRE : voler très vite

LE CHAT BRUN

COULEUR DES YEUX : violet

COULEUR DU CORPS : brun et crème

ACCESSOIRE FAVORI : la crème solaire

IL ADORE : courir après les oiseaux

IL DÉTESTE : être mouillé

SON LIEU DE VACANCES FAVORI : le parc

CE QU'IL PRÉFÈRE : se faire de nouveaux amis

LE GOLDEN RETRIEVER

COULEUR DES YEUX : bleu clair

COULEUR DU CORPS : jaune doré

ACCESSOIRE FAVORI : un stylo et du papier

IL ADORE : collectionner les timbres

IL DÉTESTE : envoyer des courriels

SON LIEU DE VACANCES FAVORI : partout où il y a des cartes postales

CE QU'IL PRÉFÈRE : envoyer des colis à ses amis

LA TORTUE

COULEUR DES YEUX : vert

COULEUR DU CORPS : vert clair

ACCESSOIRE FAVORI : une serviette de plage

ELLE ADORE : le surf

ELLE DÉTESTE : les coups de soleil

SON LIEU DE VACANCES FAVORI : les Bahamas dans l'Atlantique

CE QU'ELLE PRÉFÈRE : ramasser des coquillages

LE CHAT TIGRÉ GRIS

COULEUR DES YEUX : vert tendre

COULEUR DU CORPS : gris clair et gris foncé

ACCESSOIRE FAVORI : une brosse et un peigne

IL ADORE : avoir le poil soyeux

IL DÉTESTE : les nœuds

SON LIEU DE VACANCES FAVORI : le salon

CE QU'IL PRÉFÈRE : aller chez le coiffeur

LE GECKO

COULEUR DES YEUX : jaune-vert

COULEUR DU CORPS : orange

ACCESSOIRE FAVORI : une veste orange

IL ADORE : ranger ses vêtements

IL DÉTESTE : les rides

SON LIEU DE VACANCES FAVORI : la galerie commerciale

CE QU'IL PRÉFÈRE : faire les soldes

LE POISSON BLEU

COULEUR DES YEUX : vert et jaune

COULEUR DU CORPS : bleu et jaune

ACCESSOIRE FAVORI : ses nageoires

IL ADORE : faire des bulles

IL DÉTESTE : les bains chauds

SON LIEU DE VACANCES FAVORI : l'Arctique

CE QU'IL PRÉFÈRE : construire des châteaux de sable

LE PERROQUET BORGNE

COULEUR DES YEUX : vert émeraude

COULEUR DU CORPS : rouge, orange et bleu

ACCESSOIRE FAVORI : son bandeau d'œil

IL ADORE : chercher des trésors

IL DÉTESTE : les mers agitées

SON LIEU DE VACANCES FAVORI : sur un bateau pour une croisière

CE QU'IL PRÉFÈRE : le bruit des pièces d'or qui s'entrechoquent

L'ARAIGNÉE

COULEUR DES YEUX : vert olive

COULEUR DU CORPS : mauve

ACCESSOIRE FAVORI : sa toile

ELLE ADORE : tricoter

ELLE DÉTESTE : les nœuds

SON LIEU DE VACANCES FAVORI : sous les tropiques

CE QU'ELLE PRÉFÈRE : te tricoter un vêtement et te l'offrir

LA PRINCESSE CHOW-CHOW

COULEUR DES YEUX : vert clair

COULEUR DU CORPS : brun doré

ACCESSOIRE FAVORI : sa couronne rose

ELLE ADORE : être une princesse

ELLE DÉTESTE : les donjons

SON LIEU DE VACANCES FAVORI : un palais

CE QU'ELLE PRÉFÈRE : aller au bal

LE PINGOUIN

COULEUR DES YEUX : vert menthe

COULEUR DU CORPS : noir, blanc et jaune

ACCESSOIRE FAVORI : son traineau

IL ADORE : les crèmes glacées

IL DÉTESTE : la chaleur

SON LIEU DE VACANCES FAVORI : une station de ski

CE QU'IL PRÉFÈRE : déguster des sushis

LES ÉLÉGANTS

Ces PetShop adorent être tirés à quatre épingles. Si tu les aimes et que tu en prends soin, ils luiront de satisfaction !

L'OISEAU BLEU À CRÊTE

COULEUR DES YEUX : jaune et vert

COULEUR DU CORPS : turquoise

ACCESSOIRE FAVORI : sa baignoire

IL ADORE : se pomponner

IL DÉTESTE : la saleté

SON LIEU DE VACANCES FAVORI : une station thermale

CE QU'IL PRÉFÈRE : faire un masque pour le visage

LA SOURIS BRUNE

COULEUR DES YEUX : lavande

COULEUR DU CORPS : brun clair

ACCESSOIRE FAVORI : son livre de cuisine

ELLE ADORE : le fromage

ELLE DÉTESTE : les régimes

SON LIEU DE VACANCES FAVORI : la Provence en France

CE QU'ELLE PRÉFÈRE : préparer une quiche au fromage

LE TECKEL

COULEUR DES YEUX : bleu ciel

COULEUR DU CORPS : noir et brun

ACCESSOIRE FAVORI :
son pull rose

IL ADORE : assortir ses vêtements

IL DÉTESTE : les magasins fermés

SON LIEU DE VACANCES FAVORI :
le centre commercial

CE QU'IL PRÉFÈRE : faire les magasins

LE CHEVAL BLANC

COULEUR DES YEUX : vert tendre

COULEUR DU CORPS : blanc et brun

ACCESSOIRE FAVORI :
son chapeau de cow-boy

IL ADORE : le rodéo

IL DÉTESTE : ne rien faire

SON LIEU DE VACANCES FAVORI :
le parc national du Glacier dans le Montana aux États-Unis

CE QU'IL PRÉFÈRE : galoper

LE CHEVAL BRUN

COULEUR DES YEUX : bleu clair

COULEUR DU CORPS : brun et blanc

ACCESSOIRE FAVORI : son ruban premier-prix

IL ADORE : les concours

IL DÉTESTE : faire des erreurs

SON LIEU DE VACANCES FAVORI : Cheyenne dans le Wyoming aux États-Unis

CE QU'IL PRÉFÈRE : croquer des carottes

LE CHAT DORÉ TIGRÉ

COULEUR DES YEUX : vert tendre

COULEUR DU CORPS : doré

ACCESSOIRE FAVORI : sa brosse à cheveux

IL ADORE : remporter des concours

IL DÉTESTE : les poils en bataille

SON LIEU DE VACANCES FAVORI : un édredon triple épaisseur

CE QU'IL PRÉFÈRE : les séances photos

LE PANDA

COULEUR DES YEUX : vert tendre

COULEUR DU CORPS : mauve et blanc

ACCESSOIRE FAVORI : le bambou

IL ADORE : escalader des montagnes

IL DÉTESTE : la pollution

SON LIEU DE VACANCES FAVORI :
Pékin en Chine

CE QU'IL PRÉFÈRE :
faire un petit somme

LA CHOUETTE

COULEUR DES YEUX : lavande

COULEUR DU CORPS : brun-rouge

ACCESSOIRE FAVORI : des lunettes

ELLE ADORE : lire des romans

ELLE DÉTESTE : le bruit à la bibliothèque

SON LIEU DE VACANCES FAVORI :
les librairies d'occasion

CE QU'ELLE PRÉFÈRE :
lire tard le soir

LE PAPILLON

COULEUR DES YEUX : turquoise

COULEUR DU CORPS : turquoise avec des ailes roses

ACCESSOIRE FAVORI : sa pelle

IL ADORE : le jardinage

IL DÉTESTE : l'hiver

SON LIEU DE VACANCES FAVORI :
les prairies

CE QU'IL PRÉFÈRE :
le parfum délicat de la rose

LES PETITS DÉBROUILLARDS

Ces *brillants* PetShop *savent* tout *faire* ! Peut-être partagez-vous certains *talents* eux et toi ? *Voici*, sans aucun doute, *le* point de départ d'une *belle* amitié !

LE LÉVRIER

COULEUR DES YEUX : bleu clair

COULEUR DU CORPS : gris

ACCESSOIRE FAVORI : la papeterie

IL ADORE : écrire des histoires

IL DÉTESTE : le courrier qui s'égare

SON LIEU DE VACANCES FAVORI : Florence en Italie

CE QU'IL PRÉFÈRE : envoyer des lettres à ses amis

LA LAPINE

COULEUR DES YEUX : vert olive

COULEUR DU CORPS : doré et blanc

ACCESSOIRE FAVORI : son lecteur MP3

ELLE ADORE : écouter de la musique

ELLE DÉTESTE : se lever tôt

SON LIEU DE VACANCES FAVORI : une discothèque

CE QU'ELLE PRÉFÈRE : faire la grasse matinée

LA CHATTE GRISE

COULEUR DES YEUX : vert menthe

COULEUR DU CORPS : blanc et gris

ACCESSOIRE FAVORI :
les pompons

ELLE ADORE : les acclamations

ELLE DÉTESTE : les huées

SON LIEU DE VACANCES FAVORI :
le camp de pom-pom girls

CE QU'ELLE PRÉFÈRE : encourager son équipe

LE COCHON

COULEUR DES YEUX : bleu-vert

COULEUR DU CORPS : rose

ACCESSOIRE FAVORI : son journal intime

IL ADORE : rédiger des poèmes

IL DÉTESTE : quand les mots ne riment pas

SON LIEU DE VACANCES FAVORI :
San Francisco en Californie aux États-Unis

CE QU'IL PRÉFÈRE :
écrire un poème pour toi

LE CHINCHILLA

COULEUR DES YEUX : brun clair

COULEUR DU CORPS :
brun doré et crème

ACCESSOIRE FAVORI : son bonnet de laine

IL ADORE : les balades dans la neige

IL DÉTESTE : quand les feux de camp s’éteignen

SON LIEU DE VACANCES FAVORI :
la Cordillère des Andes en Amérique du Sud

CE QU’IL PRÉFÈRE : avoir une fourrure toute douce

LE CHIEN HUSKY

COULEUR DES YEUX : bleu glacier

COULEUR DU CORPS :
brun et blanc

ACCESSOIRE FAVORI :
des bottes fourrées

IL ADORE : tirer un traineau en groupe

IL DÉTESTE : être seul

SON LIEU DE VACANCES FAVORI :
Juneau en Alaska

CE QU’IL PRÉFÈRE : les sports d’hiver

L'OTARIE

COULEUR DES YEUX : vert menthe

COULEUR DU CORPS : blanc et gris

ACCESSOIRE FAVORI : son tuba

ELLE ADORE : la pêche

ELLE DÉTESTE : les requins

SON LIEU DE VACANCES FAVORI :
l'Antarctique

CE QU'ELLE PRÉFÈRE :
plonger dans l'eau la première

LE LÉZARD

COULEUR DES YEUX : mauve

COULEUR DU CORPS : bleu et vert

ACCESSOIRE FAVORI :
les livres d'activités

IL ADORE : les puzzles

IL DÉTESTE : les jeux trop faciles

SON LIEU DE VACANCES FAVORI :
la librairie

CE QU'IL PRÉFÈRE : les grilles de sudoku

L'OISEAU ROSE À CRÊTE JAUNE

COULEUR DES YEUX : bleu ciel

COULEUR DU CORPS : rose et jaune

ACCESSOIRE FAVORI : les partitions

IL ADORE : chanter

IL DÉTESTE : être aphone

SON LIEU DE VACANCES FAVORI : l'opéra

CE QU'IL PRÉFÈRE : être sur scène

L'IGUANE

COULEUR DES YEUX : lavande

COULEUR DU CORPS : jaune et vert

ACCESSOIRE FAVORI : sa vision périphérique

IL ADORE : flotter sur une bouée

IL DÉTESTE : les grosses vagues

SON LIEU DE VACANCES FAVORI : les îles Fidji en Océanie

CE QU'IL PRÉFÈRE : prendre un petit en-cas

LES COPAINS DE JEUX

Ces PetShop savent toujours comment s'amuser ! Même s'ils pratiquent des activités sérieuses comme la médecin ou la lutte contre le crime, ils réservent toujours une place dans leur vie pour l'amusement et le jeu !

LE FURET

COULEUR DES YEUX : bleu clair

COULEUR DU CORPS : brun clair

ACCESSOIRE FAVORI : le thermomètre

IL ADORE : respirer au grand air

IL DÉTESTE : être malade

SON LIEU DE VACANCE FAVORI : Lugano en Suisse

CE QU'IL PRÉFÈRE : rester en bonne santé

LE SAINT-BERNARD

COULEUR DES YEUX : vert

COULEUR DU CORPS : brun et blanc

ACCESSOIRE FAVORI : sa paire de skis

IL ADORE : jouer dans la neige

IL DÉTESTE : se perdre

SON LIEU DE VACANCES FAVORI : les Alpes

CE QU'IL PRÉFÈRE : porter secours aux personnes en détresse

LE CHAT CATASTROPHE

COULEUR DES YEUX : vert

COULEUR DU CORPS : gris charbon

ACCESSOIRE FAVORI :
la machine à rayons X

IL ADORE : étudier les os du corps

IL DÉTESTE : tomber

SON LIEU DE VACANCES FAVORI :
Las Vegas au Nevada aux États-Unis

CE QU'IL PRÉFÈRE :
les plâtres que l'on peut décorer

LE PIGEON

COULEUR DES YEUX : bleu ciel

COULEUR DU CORPS : gris et blanc

ACCESSOIRE FAVORI :
la boîte aux lettres

IL ADORE : distribuer le courrier

IL DÉTESTE : la bagarre

SON LIEU DE VACANCES FAVORI :
Rome en Italie

CE QU'IL PRÉFÈRE :
apporter des colis

LE BERGER ALLEMAND

COULEUR DES YEUX : vert

COULEUR DU CORPS : doré et brun

ACCESSOIRE FAVORI : son talkie-walkie

IL ADORE : pourchasser les bandits

IL DÉTESTE : ne rien faire

SON LIEU DE VACANCES FAVORI : Alcatraz dans la baie de San Francisco aux États-Unis

CE QU'IL PRÉFÈRE : combattre le crime

LE CHIEN HUSKY GRIS

COULEUR DES YEUX : jaune-vert

COULEUR DU CORPS : gris et blanc

ACCESSOIRE FAVORI : sa paire de baskets

IL ADORE : travailler

IL DÉTESTE : la paresse

SON LIEU DE VACANCES FAVORI : la salle de gym

CE QU'IL PRÉFÈRE : aller courir

LE CHIMPANZÉ

COULEUR DES YEUX : lavande

COULEUR DU CORPS : brun et beige

ACCESSOIRE FAVORI :
ses bongos

IL ADORE : vivre dans les arbres

IL DÉTESTE : le froid

SON LIEU DE VACANCES FAVORI :
Le Caire en Égypte

CE QU'IL PRÉFÈRE :
jouer des percussions

L'OISEAU ROSE À CRÊTE ROSE

COULEUR DES YEUX : bleu ciel

COULEUR DU CORPS : rose et bleu

ACCESSOIRE FAVORI : le gel pour cheveux

IL ADORE : le rock

IL DÉTESTE : la musique douce

SON LIEU DE VACANCES FAVORI :
Londres en Angleterre

CE QU'IL PRÉFÈRE :
aller à un concert punk

LE SINGE

COULEUR DES YEUX : vert tendre

COULEUR DU CORPS : doré et crème

ACCESSOIRE FAVORI : son trapèze

IL ADORE : se balancer la tête en bas

IL DÉTESTE : tomber à court de bananes

SON LIEU DE VACANCES FAVORI : la forêt amazonienne en Amérique du Sud

CE QU'IL PRÉFÈRE : exécuter un salto arrière

LA CHATTE BRUNE À POILS LONGS

COULEUR DES YEUX : vert émeraude

COULEUR DU CORPS : doré et crème

ACCESSOIRE FAVORI : son écharpe de laine

ELLE ADORE : les soirées au coin du feu

ELLE DÉTESTE : avoir froid aux pattes

SON LIEU DE VACANCES FAVORI : la Nouvelle-Écosse au Canada

CE QU'ELLE PRÉFÈRE : porter un pull confortable

LES CASSE-COU

Ces PetShop sont *bourrés d'énergie.* Arriveras-tu *à les suivre ?*

LE COCKER ESPAGNOL

COULEUR DES YEUX : vert clair

COULEUR DU CORPS : doré et crème

ACCESSOIRE FAVORI : le caddie pour faire les courses

IL ADORE : les nouveaux vêtements

IL DÉTESTE : les vêtements troués

SON LIEU DE VACANCES FAVORI : Miami en Floride aux États-Unis

CE QU'IL PRÉFÈRE : les cartes de crédit

L'OISEAU ROSE À HOUPPETTE VERTE

COULEUR DES YEUX : vert tendre

COULEUR DU CORPS : rose et vert

ACCESSOIRE FAVORI : son bec pointu

IL ADORE : le nectar

IL DÉTESTE : les fleurs qui ne sentent pas bon

SON LIEU DE VACANCES FAVORI : un jardin

CE QU'IL PRÉFÈRE : voleter dans tous les sens

LE CHAT GRIS À LONGS POILS

COULEUR DES YEUX : bleu pâle

COULEUR DU CORPS : gris et blanc

ACCESSOIRE FAVORI : sa canne à pêche

IL ADORE : le poisson

IL DÉTESTE : les tempêtes

SON LIEU DE VACANCES FAVORI : sur un bateau de pêche

CE QU'IL PRÉFÈRE : les concours de pêche

LE LAPIN AUX LONGUES OREILLES

COULEUR DES YEUX : bleu

COULEUR DU CORPS : gris et blanc

ACCESSOIRE FAVORI : son arrosoir

IL ADORE : les légumes frais

IL DÉTESTE : la nourriture en conserve

SON LIEU DE VACANCES FAVORI : Twin Falls dans l'Idaho aux États-Unis

CE QU'IL PRÉFÈRE : cultiver des légumes bio

LE CHIEN COULEUR CRÈME

COULEUR DES YEUX : vert

COULEUR DU CORPS : crème et doré

ACCESSOIRE FAVORI : son stéthoscope

IL ADORE : écouter les battements de cœur

IL DÉTESTE : les virus

SON LIEU DE VACANCES FAVORI : Tucson en Arizona aux États-Unis

CE QU'IL PRÉFÈRE : prendre des vitamines

LE CHAT ROUX TIGRÉ

COULEUR DES YEUX : bleu

COULEUR DU CORPS : doré et blanc

ACCESSOIRE FAVORI : sa brosse à dents

IL ADORE : les bonbons

IL DÉTESTE : les caries

SON LIEU DE VACANCES FAVORI : le magasin de bonbons

CE QU'IL PRÉFÈRE : partager une barbe à papa avec toi

LE CHIMPANZÉ BRUN

COULEUR DES YEUX : bleu foncé

COULEUR DU CORPS : brun et beige

ACCESSOIRE FAVORI : ses haltères

IL ADORE : rester en forme

IL DÉTESTE : les muscles mous

SON LIEU DE VACANCES FAVORI :
le terrain de basket-ball

CE QU'IL PRÉFÈRE :
marquer des paniers

LES AQUATIQUES

Vas-y, plonge, la température de l'eau est idéale ! Ces PetShop naviguent dans les eaux bleues de l'aquarium, tu vas les adorer !

LA TORTUE

COULEUR DES YEUX : mauve

COULEUR DU CORPS : vert et brun

ACCESSOIRE FAVORI : sa planche de surf

ELLE ADORE : les grosses vagues

ELLE DÉTESTE : les eaux calmes

SON LIEU DE VACANCES FAVORI : Melbourne en Australie

CE QU'ELLE PRÉFÈRE : les barbecues sur la plage après une journée de surf

L'HIPPOCAMPE

COULEUR DES YEUX : lavande

COULEUR DU CORPS : vert clair, jaune et rose

ACCESSOIRE FAVORI : sa baignoire à bulles

IL ADORE : un bain plein de mousse

IL DÉTESTE : l'eau froide

SON LIEU DE VACANCES FAVORI : le Costa Rica en Amérique centrale

CE QU'IL PRÉFÈRE : flotter

LE BERNARD-L'HERMITE

COULEUR DES YEUX : vert clair et vert foncé

COULEUR DU CORPS : orange et mauve

ACCESSOIRE FAVORI : ses tongs

IL ADORE : ramasser des coquillages

IL DÉTESTE : quand on marche sur les coquillages

SON LIEU DE VACANCES FAVORI :
Malibu en Californie aux États-Unis

CE QU'IL PRÉFÈRE :
se reposer sur la plage

JOURNÉE DES CHIENS

Ces chiens cherchent un(e) ami(e) juste comme toi ! Ils sont loyaux, amicaux et tellement mignons ! Alors qu'attends-tu pour les adopter et t'amuser avec eux ?

LE CORGIE

COULEUR DES YEUX : vert

COULEUR DU CORPS : gris

ACCESSOIRE FAVORI : son os à ronger

IL ADORE : travailler dur

IL DÉTESTE : rester inactif

SON LIEU DE VACANCES FAVORI :
Cardiff au pays de Galles en Grande-Bretagne

CE QU'IL PRÉFÈRE :
inviter des amis

LE CHIEN BRUN

COULEUR DES YEUX : bleu

COULEUR DU CORPS : brun doré

ACCESSOIRE FAVORI : sa poupée

IL ADORE : être rassuré

IL DÉTESTE : les histoires effrayantes

SON LIEU DE VACANCES FAVORI : les parcs d'attraction

CE QU'IL PRÉFÈRE : les câlins

LES FANTAISISTES

Peu importe que ces PetShop voyagent dans le monde entier, soient artistes ou fans de la mode, ils sont les plus fantaisistes !

LE LAPIN AUX OREILLES NOIRES

COULEUR DES YEUX : turquoise

COULEUR DU CORPS : blanc, noir et rose

ACCESSOIRE FAVORI : son livre de recettes

IL ADORE : faire de la pâtisserie

IL DÉTESTE : les soufflés qui retombent

SON LIEU DE VACANCES FAVORI :
le sud de la France

CE QU'IL PRÉFÈRE : inventer de nouvelles recettes

LE GECKO VERT

COULEUR DES YEUX : jaune-vert

COULEUR DU CORPS : vert menthe

ACCESSOIRE FAVORI : sa lampe-torche

IL ADORE : explorer les grottes

IL DÉTESTE : courir

SON LIEU DE VACANCES FAVORI :
les îles Galápagos dans le Pacifique

CE QU'IL PRÉFÈRE :
partir à l'aventure

LE CHIEN GRIS AVEC UNE TACHE EN ÉTOILE

COULEUR DES YEUX : bleu et brun

COULEUR DU CORPS : gris clair et gris foncé

ACCESSOIRE FAVORI : sa paire de jumelles

IL ADORE : aller à l'opéra

IL DÉTESTE : être mal assis

SON LIEU DE VACANCES FAVORI : Sydney en Australie

CE QU'IL PRÉFÈRE : applaudir et crier « bravo ! »

LA CHATTE COULEUR CARAMEL

COULEUR DES YEUX : jaune et orange

COULEUR DU CORPS : caramel et blanc

ACCESSOIRE FAVORI : les livres d'histoire

ELLE ADORE : l'art moderne

ELLE DÉTESTE : l'art abstrait

SON LIEU DE VACANCES FAVORI : Paris en France

CE QU'ELLE PRÉFÈRE : faire des croquis

L'OISEAU ROSE À CRÊTE BLANCHE

COULEUR DES YEUX : turquoise

COULEUR DU CORPS : rose et jaune

ACCESSOIRE FAVORI : son micro

IL ADORE : être sur scène

IL DÉTESTE : oublier des paroles

SON LIEU DE VACANCES FAVORI : Los Angeles en Californie aux États-Unis

CE QU'IL PRÉFÈRE : jouer avec son groupe

L'OISEAU MAUVE À HOUPPETTE ROSE

COULEUR DES YEUX : vert clair

COULEUR DU CORPS : lavande

ACCESSOIRE FAVORI : ses brindilles

IL ADORE : l'architecture

IL DÉTESTE : la pluie

SON LIEU DE VACANCES FAVORI : au sommet des arbres

CE QU'IL PRÉFÈRE : construire un nid

LE PAON

COULEUR DES YEUX : vert

COULEUR DU CORPS : bleu et vert

ACCESSOIRE FAVORI : ses plumes

IL ADORE : faire la roue

IL DÉTESTE : être seul

SON LIEU DE VACANCES FAVORI : Bombay en Inde

CE QU'IL PRÉFÈRE : les couleurs vives

LE RAT

COULEUR DES YEUX : bleu-gris

COULEUR DU CORPS : brun doré

ACCESSOIRE FAVORI :
les biscuits au fromage

IL ADORE : les biscuits apéritifs

IL DÉTESTE : rater un repas

SON LIEU DE VACANCES FAVORI :
la cuisine d'un grand chef

CE QU'IL PRÉFÈRE :
ramper dans des endroits exigus

LA CHATTE ROSE

COULEUR DES YEUX : vert

COULEUR DU CORPS :
blanc et rose

ACCESSOIRE FAVORI :
son tube de mascara

ELLE ADORE : les défilés de mode

ELLE DÉTESTE : les vêtements dépareillés

SON LIEU DE VACANCES FAVORI :
Milan en Italie

CE QU'ELLE PRÉFÈRE : rencontrer les stylistes

LA LAPINE JAUNE

COULEUR DES YEUX : bleu clair et bleu foncé

COULEUR DU CORPS : jaune et mauve

ACCESSOIRE FAVORI : ses mouchoirs brodés

ELLE ADORE : rire

ELLE DÉTESTE : les histoires qui se terminent mal

SON LIEU DE VACANCES FAVORI : Hollywood en Californie aux États-Unis

CE QU'ELLE PRÉFÈRE : pleurer quand le film est triste

L'OISEAU VERT À CRÊTE TURQUOISE

COULEUR DES YEUX : bleu clair

COULEUR DU CORPS : vert clair, bleu et orange

ACCESSOIRE FAVORI : son compas

IL ADORE : les avions

IL DÉTESTE : le mauvais temps

SON LIEU DE VACANCES FAVORI : le ciel

CE QU'IL PRÉFÈRE : piloter un avion

LA CHATTE CRÈME

COULEUR DES YEUX : bleu

COULEUR DU CORPS :
crème et brun

ACCESSOIRE FAVORI :
le guide de voyage de l'Italie

ELLE ADORE : apprendre l'italien

ELLE DÉTESTE : les cartes peu claires

SON LIEU DE VACANCES FAVORI :
Venise en Italie

CE QU'ELLE PRÉFÈRE :
commander des pizzas

LA TORTUE BLEUE

COULEUR DES YEUX : mauve et bleu

COULEUR DU CORPS :
bleu, vert et brun

ACCESSOIRE FAVORI :
son skate-board

ELLE ADORE : la musique rapide

ELLE DÉTESTE : la musique lente

SON LIEU DE VACANCES FAVORI :
San Diego en Californie aux États-Unis

CE QU'ELLE PRÉFÈRE : télécharger de la musique

LE FURET BLANC

COULEUR DES YEUX : bleu

COULEUR DU CORPS : blanc et rose

ACCESSOIRE FAVORI :
les dominos

IL ADORE : se reposer

IL DÉTESTE : le hard-rock

SON LIEU DE VACANCES FAVORI :
Miami en Floride aux États-Unis

CE QU'IL PRÉFÈRE :
dire « je vais dormir »

LE CHAT ORANGE À POILS BLANCS

COULEUR DES YEUX : vert olive

COULEUR DU CORPS :
orange, blanc et rose

ACCESSOIRE FAVORI : les cache-oreilles

IL ADORE : la vitesse

IL DÉTESTE : la neige fondante

SON LIEU DE VACANCES FAVORI :
Aspen dans le Colorado aux États-Unis

CE QU'IL PRÉFÈRE : faire du snow-board

L'OISEAU JAUNE

COULEUR DES YEUX : bleu ciel

COULEUR DU CORPS : jaune clair

ACCESSOIRE FAVORI : ses lunettes de soleil

IL ADORE : voyager dans le sud

IL DÉTESTE : aller dormir tôt

SON LIEU DE VACANCES FAVORI : Maui à Hawaii aux États-Unis

CE QU'IL PRÉFÈRE : danser le « hula »

LE BASSET

COULEUR DES YEUX : bleu très clair

COULEUR DU CORPS : brun, blanc et rose

ACCESSOIRE FAVORI : des baguettes

IL ADORE : les nouilles chinoises

IL DÉTESTE : avoir mal au ventre

SON LIEU DE VACANCES FAVORI : Séoul en Corée du Sud

CE QU'IL PRÉFÈRE : les karaokés

LA LIBELLULE ROSE

COULEUR DES YEUX : bleu ciel

COULEUR DU CORPS : rose

ACCESSOIRE FAVORI :
ses ailes

ELLE ADORE : l'été

ELLE DÉTESTE : la pluie

SON LIEU DE VACANCES FAVORI :
la campagne

CE QU'ELLE PRÉFÈRE :
voleter dans les airs

L'OISEAU MAUVE À HOUPPETTE ROSE

COULEUR DES YEUX : vert tendre

COULEUR DU CORPS :
lavande, mauve et blanc

ACCESSOIRE FAVORI : la peinture

IL ADORE : l'art

IL DÉTESTE : le bruit

SON LIEU DE VACANCES FAVORI :
la Toscane en Italie

CE QU'IL PRÉFÈRE :
s'endormir pendant un film

LA TORTUE VERTE

COULEUR DES YEUX : vert

COULEUR DU CORPS : vert clair et rose

ACCESSOIRE FAVORI : sa carapace

ELLE ADORE : la lenteur

ELLE DÉTESTE : la vitesse

SON LIEU DE VACANCES FAVORI :
Myrtle Beach en Caroline du Sud aux États-Unis

CE QU'ELLE PRÉFÈRE :
ne jamais dépasser la vitesse autorisée

LA LAPINE AUX OREILLES ROSES

COULEUR DES YEUX : vert

COULEUR DU CORPS : jaune et rose

ACCESSOIRE FAVORI : sa corde à sauter

ELLE ADORE : jouer

ELLE DÉTESTE : ne rien faire

SON LIEU DE VACANCES FAVORI : Dallas au Texas aux États-Unis

CE QU'ELLE PRÉFÈRE : aller au cirque

LES COOL

Ces PetShop adorent faire la fête et passer du temps avec leurs amis. On s'attache très facilement à ces petits amis si relax !

LE DAIM

COULEUR DES YEUX : rose fuchsia

COULEUR DU CORPS : orange et jaune

ACCESSOIRE FAVORI :
ses fleurs peintes

IL ADORE : la paix

IL DÉTESTE : la guerre

SON LIEU DE VACANCES FAVORI :
Woodstock près de New York aux États-Unis

CE QU'IL PRÉFÈRE : danser

LE HIBOU

COULEUR DES YEUX : vert émeraude

COULEUR DU CORPS : bleu, mauve et blanc

ACCESSOIRE FAVORI : son réveille-matin

IL ADORE : la nuit

IL DÉTESTE : le jour

SON LIEU DE VACANCES FAVORI : la forêt

CE QU'IL PRÉFÈRE : regarder la lune

LE CHIEN

COULEUR DES YEUX : mauve

COULEUR DU CORPS : rose, bleu et vert

ACCESSOIRE FAVORI : les paillettes

IL ADORE : faire du skate-board

IL DÉTESTE : aller chez le coiffeur

SON LIEU DE VACANCES FAVORI : un skate parc

CE QU'IL PRÉFÈRE : faire la fête

LES PUNK

**Monte le volume à fond et apprête-toi à faire la fête !
Ces PetShop punk sont prêts à danser avec toi !**

LA CHAUVE-SOURIS

COULEUR DES YEUX : bleu clair

COULEUR DU CORPS : mauve, rose et vert clair

ACCESSOIRE FAVORI : son nœud « tête de mort »

ELLE ADORE : les films d'horreur

ELLE DÉTESTE : les histoires qui se terminent bien

SON LIEU DE VACANCES FAVORI : une grotte

CE QU'ELLE PRÉFÈRE : veiller tard

LA CHENILLE

COULEUR DES YEUX : rose et mauve

COULEUR DU CORPS : vert, bleu et mauve

ACCESSOIRE FAVORI : son collier de perles

ELLE ADORE : la musique rock

ELLE DÉTESTE : la patience

SON LIEU DE VACANCES FAVORI : Los Angeles en Californie aux États-Unis

CE QU'ELLE PRÉFÈRE : se métamorphoser en papillon

L'IGUANE

COULEUR DES YEUX : bleu

COULEUR DU CORPS : vert clair, mauve et rose

ACCESSOIRE FAVORI : son collier avec des cœurs

IL ADORE : les fringues

IL DÉTESTE : la musique country

SON LIEU DE VACANCES FAVORI : New York aux États-Unis

CE QU'IL PRÉFÈRE : faire partie d'un groupe de musique

QUELS LITTLEST PETSHOP POSSÈDES-TU ?

COCHE-LES !

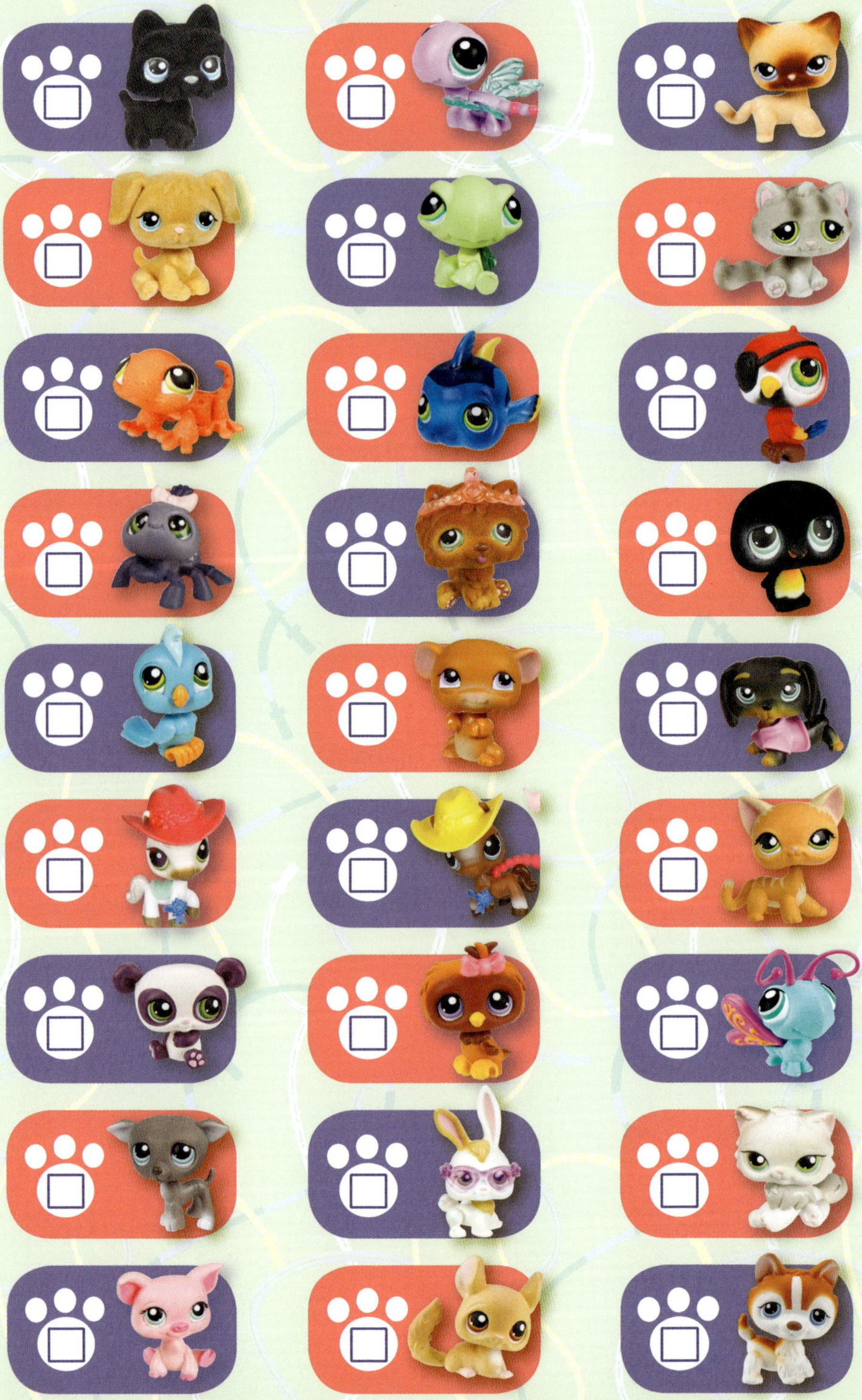

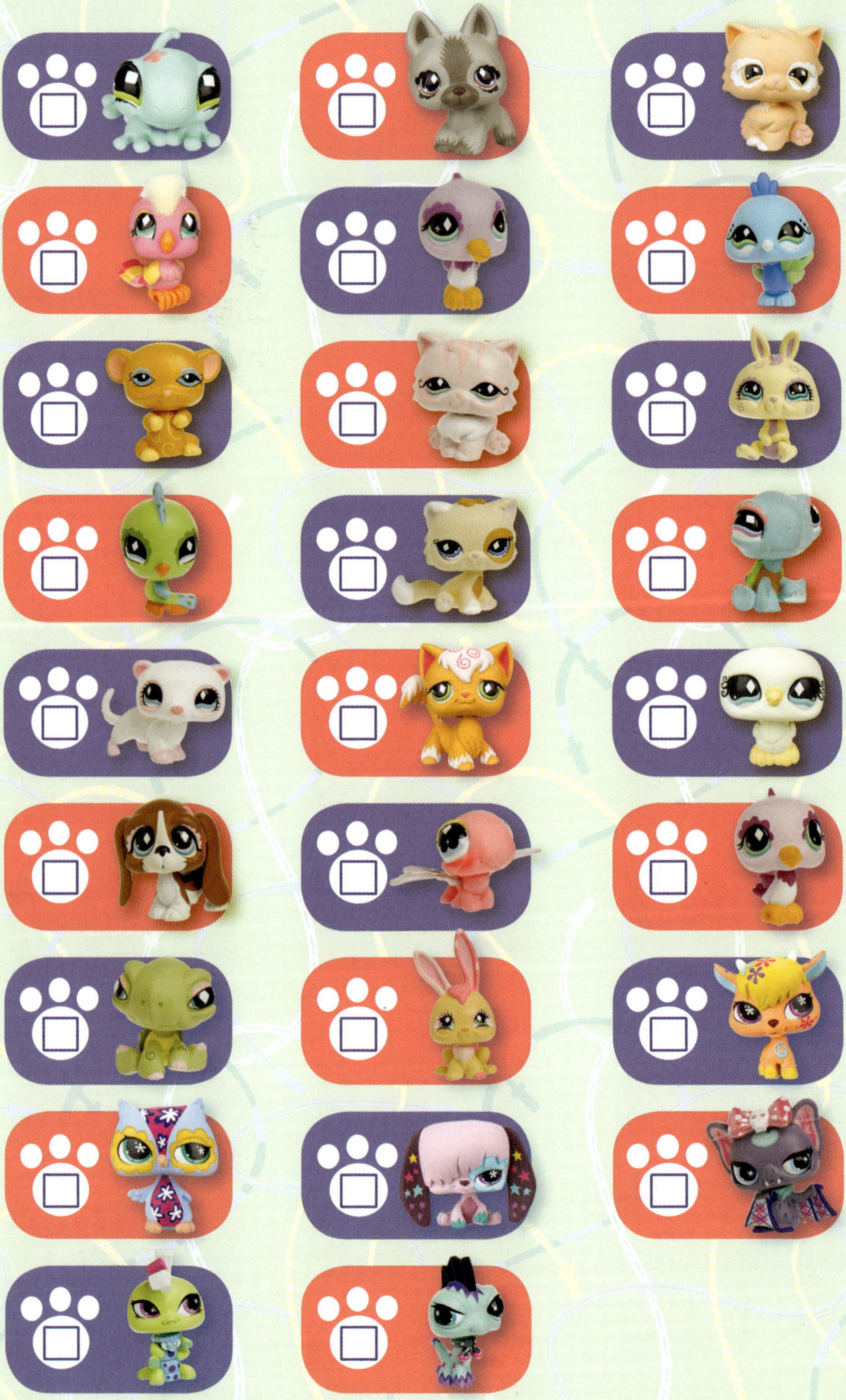